DATE DUE

APR 29 1998			
OCT 20 1998			
NOV 0 9 1998			
MAY 0 3 2006			
OCT 29 2013			

Antes que América, los mayas y los aztecas

Alain Musset
Ilustraciones de Annie-Claude Martin

Colección dirigida por Daniel Sassier

EDELVIVES

¿Quiénes eran los mayas y los aztecas?

Con frecuencia confundimos los mayas con los aztecas porque aún es poco conocida la América precolombina. Sin embargo, esos dos pueblos ni vivieron en la misma época ni habitaron la misma región.

Cuando los aztecas no eran más que una tribu nómada, los mayas construían sus hermosas ciudades en las cálidas tierras del Yucatán y en las selvas siempre verdes de Guatemala... Y el gran período de los mayas terminó cuando los aztecas fundaron Tenochtitlán, su capital, en medio de un lago rodeado por humeantes volcanes que hacen temblar la Tierra.

Esos pueblos, hoy desaparecidos, nos parecen misteriosos. No obstante, los españoles no lo destruyeron todo al apoderarse del Nuevo Mundo, y los indios, como llamaron a sus habitantes los europeos, sobrevivieron a las guerras y a las enfermedades. También nos han quedado manuscritos antiguos y libros editados por los conquistadores. Así podemos conocer cómo era la vida ordinaria de los mayas y de los aztecas.

¿HAY EN MÉXICO PUEBLOS AÚN MÁS ANTIGUOS?

Los mayas y los aztecas son los herederos de un pueblo muy antiguo, los olmecas. Su nombre significa: «el pueblo del caucho». Los olmecas vivían a orillas del mar, entre la selva y las marismas o ciénagas, en una región muy cálida y muy húmeda. Se les debe la invención de un calendario utilizado en todo México

Pirámide del Sol
en Teotihuacán

¿Por qué se dice precolombino?

La palabra *precolombino* designa a las poblaciones que vivían en América antes de la llegada de Cristóbal Colón, en 1492. También se utiliza el término «prehispánico», que quiere decir «antes de los españoles».

Cabeza olmeca

hasta la llegada de los españoles. Esculpieron grandes cabezas que pesan a veces hasta veinte toneladas. Tenían numerosos dioses, pero el más importante era el jaguar, verdadero rey de la selva.

¿TIENEN MIEDO DEL JAGUAR LOS OLMECAS?

El jaguar es un animal temible. Puede atacar al hombre y su grito es espantoso. Pero los indios temen también a la serpiente de cascabel, que aparece en numerosas esculturas. Cuando agita la matraca o crótalo que tiene al extremo de la cola, más vale pasar de largo, porque su mordedura es mortal.

Sin embargo, esta serpiente es muy buena para comer: ¡su carne delicada es muy apreciada por los sibaritas!

¿Qué es el caucho?

Es la savia de un árbol llamado hevea *que al secarse se vuelve dura y elástica. Los olmecas deben su nombre al caucho, pues habitaban una región donde abundaba. Los mayas y los aztecas lo utilizaban para hacer unas pelotas que botaban muy bien.*

¿POR QUÉ SE HABLA SOBRE TODO DE LOS AZTECAS Y DE LOS MAYAS?

En México y en América Central vivían numerosos pueblos. Pero los aztecas y los mayas, principales adversarios de los conquistadores españoles, son los más célebres. Se les atribuyen muchas obras maestras que ellos no han creado: la gran pirámide de Teotihuacán no fue construida por los aztecas, como se cree con frecuencia, ¡sino por un pueblo que vivió mil años antes que ellos!

¿Se parecían mucho los aztecas y los mayas?

¡En absoluto! Eran dos pueblos muy distintos que no hablaban la misma lengua ni tenían la mismas costumbres; sin embargo, tenían muchas cosas en común.

Por ejemplo, adoraban a los mismos dioses, aunque los llamaban de manera distinta; se imaginaban el mundo del mismo modo y, sobre todo, compartían algunas tradiciones comunes a todos los pueblos de México y de América Central.

También utilizaban el mismo calendario; jugaban a la pelota en terrenos preparados para ello, ante cientos de espectadores que animaban a su equipo. Creían que el mundo había sido destruido varias veces y que lo sería de nuevo. Les gustaba tomar baños de vapor para purificarse.

¿ERA COMPLICADO EL CALENDARIO PRECOLOMBINO?

Era, sobre todo, muy preciso. Los mayas calcularon con gran precisión la duración del año

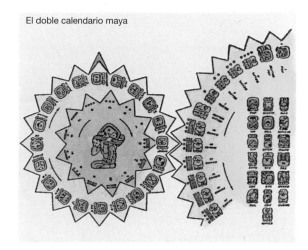

El doble calendario maya

solar y lo dividieron en 365 días, como nosotros. Tenían también un calendario sagrado de 260 días que se combinaba con el primero, lo cual complicaba la tarea de quienes querían consultar una fecha. Ambos calendarios coincidían cada 52 años, con lo cual se cerraba el «círculo del tiempo». Por el contrario, había que esperar 104 años para que la fecha del año solar correspondiera a la del ciclo del planeta Venus: a dicho fenómeno se le llamaba la «vejez», porque muy poca gente vivía lo suficiente como para asistir a él dos veces en su vida.

¿El mayor calendario del mundo?

La pirámide de El Tajín, en la costa del golfo de México, pertenece a la cultura totonaca. Está formada por 365 nichos que representan los 365 días del año. Seguramente funcionaba como un enorme calendario que se podía ver desde muy lejos, pues tiene 25 metros de altura.

La pirámide de El Tajín

¿ERA ALGO MÁS QUE UN JUEGO EL JUEGO DE PELOTA?

A primera vista sólo era un juego en el que intervenían dos equipos y consistía en hacer pasar una pelota de goma por un aro de piedra, empujándola únicamente con los hombros y las caderas. El que le daba con la mano hacía trampa. Los jugadores se acaloraban, todo el mundo corría detrás de la pelota, la pelota salía disparada, rebotaba, se paraba, salía de nuevo, ¿pasaría por el aro? Lo que estaba en juego era algo muy serio, porque la pelota representaba el Sol, y el terreno, el Cielo. Los perdedores eran sacrificados a los dioses, generalmente. ¿Qué dirían los futbolistas actuales si se restablecieran semejantes reglas del juego?

¿QUÉ ES LO DE LOS CUATRO SOLES?

Los aztecas y los mayas pensaban que el mundo ya había sido destruido cuatro veces y el resultado eran los cuatro soles que correspondían a las cuatro épocas de la humanidad. Una hermosa leyenda contaba la historia de la creación del quinto sol. Según dicha leyenda, un dios debía perecer en la hoguera para animar al astro del día. Naturalmente, todas las divinidades estaban asustadas, hasta que un día, un diosecillo pobre y feo, apodado «el pustuloso» por sus compañeros, reaccionó con gran valentía y se ofreció a sacrificarse en lugar del dios que había sido designado. Se lanzó a la hoguera y en ese momento el sol ascendió en el firmamento. Su adversario, celoso, quiso seguirle pero no encontró más que cenizas y se convirtió en luna.

Los mayas, y sobre todo los aztecas, temían que el sol no quisiera salir. Cuando terminaba un ciclo de 52 años, rompían toda la vajilla para celebrar la ceremonia del «fuego nuevo», pues no había que conservar los objetos del pasado.

Los colores del espacio

Para los aztecas y los mayas, el espacio estaba compuesto por símbolos y colores. Al este se encontraba el verde, al sur, el rojo, al oeste, el blanco, y al norte, el negro. Si en una pintura, un personaje iba vestido de verde, podía significar que procedía del este.

Las mujeres embarazadas se ocultaban en tinajas para defenderse de los monstruos de la noche que merodeaban en torno a las casas hasta que los sacerdotes encendían un fuego sagrado en lo alto de una colina. Entonces el Sol ya podía salir y la vida reanudaba su curso... para otros 52 años.

El baño de vapor, muy utilizado, era llamado *temazcal* por los aztecas

¿SERVÍA EL BAÑO DE VAPOR PARA LAVARSE?

Los aztecas y los mayas conocieron la sauna, una pequeña construcción de adobe con el tejado redondeado y una portezuela estrecha, donde se reunían con la familia o con los amigos para tomar un baño de vapor. En el exterior había un buen fuego que calentaba las paredes. De vez en cuando, alguien sumergía en agua una rama de árbol y la lanzaba contra la pared caliente, entonces se producía el vapor. La gente sudaba, el humo picaba en los ojos y quemaba los pulmones pero era lo mejor para lavarse. Era también una ceremonia religiosa, pues el vapor, al limpiar la piel, purificaba el alma.

¿Conocemos bien a los mayas?

**Los mayas existen todavía
y se parecen a sus antepasados.
Son más bien bajitos,
tienen nariz aguileña,
cabello negro y piel cobriza.**

de eses, el dios Quetzalcóatl, un círculo rodeado de triángulos corresponde al Sol. No siempre es fácil conocer la significación de estos dibujos, aunque el tiempo no haya borrado las antiguas creencias.

Los mayas están orgullosos de su pasado. Son muy resistentes y están acostumbrados a un trabajo difícil. Se visten con ropas bordadas en colores vivos que los identifican: según los colores, los motivos y la cantidad de figuras, se puede saber de qué pueblo proceden y qué lugar ocupan en la sociedad.

El ave quetzal, con sus bonitas plumas azules y verdes, simboliza la belleza y aparece a menudo en sus tejidos. También aparecen otros animales, como el ciervo, el pavo, el jaguar... Otro motivo frecuente en sus tejidos son los dibujos geométricos, y todos significan algo: una línea quebrada simboliza el relámpago, una sucesión

¿CÓMO ESTAR MÁS GUAPO?

Los antiguos mayas aplicaban al pie de la letra ese refrán que dice: «Para presumir hay que sufrir». Su idea de la belleza era muy distinta de la nuestra. Por ejemplo, ponían a los niños dos

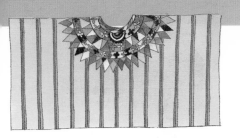

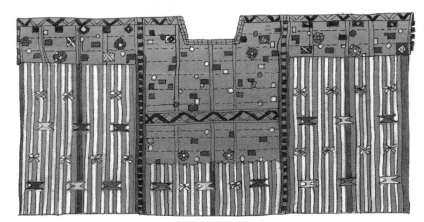

¿Qué es un huipil?

Es el traje que, aún en la actualidad, llevan las mujeres mayas. Es muy sencillo: una pieza de tela de forma rectangular con un agujero en el centro para meter la cabeza. Cada mujer teje su propio huipil con unos utensilios muy rudimentarios, ¡pero con mucho tiempo y mucha paciencia!

tablas que les apretaban la cabeza. De este modo se les alargaba la frente para darles más prestancia. También solían colgar una perla en la nariz de un bebé para hacerle bizquear, pues era signo de distinción...

suntuosos y tocados enormes, adornados con plumas que les hacían parecer más altos de lo que eran en realidad. Llevaban también joyas de turquesa y de jade, su piedra favorita.

Cuando el príncipe pasaba ante la muchedumbre, con su bastón de mando, su penacho de plumas verdes, sus sandalias decoradas, collares y brazaletes de jade, la gente no se atrevía

¿LLEVABAN LOS MAYAS TRAJES COSTOSOS?

Para ir a trabajar al campo, el campesino se ponía simplemente un taparrabo de algodón blanco. Los días de fiesta, llevaba prendas bordadas. Los príncipes y los sacerdotes lucían trajes

casi ni a mirarlo. Parecía un dios que hubiera bajado a la Tierra. Caminaba lentamente, pues todos esperaban de él la dignidad y discreción propias de su rango.

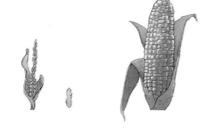

¿Inventaron los mayas las palomitas de maíz?

Originalmente, el maíz era una planta silvestre, de granos muy pequeños, que recolectaban los pueblos nómadas para dar variedad a su dieta. Los pueblos precolombinos aprendieron muy pronto a cultivarlo y las mazorcas iban saliendo cada vez más grandes.

Gracias al maíz, los agricultores podían alimentar a su familia e instalarse en pueblos. Fue una verdadera revolución: a partir de entonces, las poblaciones sedentarias del Sur se opondrían a los nómadas del Norte, que no sabían cultivar el maíz, y empezaron a llamarlos, despectivamente, «los pueblos perros».

¿Cómo se hacen las tortas de maíz?

Primero hay que sumergir las mazorcas en agua y cal para ablandar los granos y poder quitar la piel que los recubre. Después se trituran sobre una piedra hasta obtener una pasta espesa que se extiende sobre una hoja de banano y se cuece en fuego de leña. Se toman calientes.

El maíz iba a desempeñar un papel muy importante en la vida de los mayas. Algunos pensaban incluso que los primeros hombres habían sido modelados por los dioses con harina de maíz.

Los campesinos cultivaban a la vez maíz, judías y calabazas. Las judías se enroscaban en torno al tallo del maíz y las hojas de la calabaza protegían el suelo del Sol y de la lluvia. Era lo que hoy llamaríamos una agricultura ecológica...

¿CÓMO PREPARABAN EL MAÍZ?

Los mayas consumían el maíz tostado, hervido o convertido en harina. Era la guarnición de todas las comidas y los más pobres no comían otra cosa. Había unas mazorcas muy particulares cuyos granos reventaban sobre el fuego formando como unas florecillas blancas... ¡Las palomitas! A veces se hacían collares con esos granos.

El dios del maíz simboliza el nacimiento y la vida

Los orígenes legendarios del maíz

Cuenta la leyenda que fueron las hormigas las que descubrieron las primeras mazorcas de maíz, que estaban escondidas en el corazón de una montaña. Como el agujero era muy pequeño, ellas podían ir sacando los granos uno por uno. Un día, el dios de la lluvia lanzó un rayo contra la montaña para agrandar el agujero. Pero el calor fue tan intenso que algunas mazorcas se quemaron o se pusieron rojas; otras se quedaron descoloridas por el humo y algunas no sufrieron daño alguno. Por eso, según los mayas, hay cuatro clases de maíz: el negro, el rojo, el blanco y el amarillo.

¿ERAN FELICES LOS CAMPESINOS?

Los campesinos tenían que trabajar mucho para producir el maíz necesario. En su tiempo libre tenían que construir los templos y los palacios de los sacerdotes y los nobles que vivían en la ciudad. Nos parece, pues, que la vida de los campesinos mayas era muy dura. Afortunadamente, había muchas fiestas, como las bodas, para descansar y divertirse.

Con motivo de la boda, toda la familia ayudaba a construir una casa para los recién casados. Después de casarse, el joven iba a trabajar durante varios años a casa de su suegro, una gran pérdida para sus padres que ya no podrían contar con la ayuda de su hijo.

¿Quién gobernaba a los mayas?

Los mayas nunca llegaron a formar un gran imperio. Se agrupaban en torno a las ciudades. Éstas constituían auténticos pequeños estados independientes que a menudo se hacían la guerra, aunque lo más frecuente era que mantuvieran buenas relaciones.

a un amigo cuya novia había sido secuestrada por el rey de Chichén Itzá el mismo día de la boda. Entre Mayapán y Chichén Itzá estalló la guerra y los ejércitos se enfrentaron. No estaba claro quién iba a ganar hasta que una artimaña de Hunac Ceel dio la victoria a sus hombres. Es un poco la historia de la guerra de Troya a lo maya.

En realidad, las principales querellas oponían a quienes tenían el poder y no afectaban a los campesinos que nunca habían franqueado los límites de su pueblo y para quienes la ciudad, a la que se dirigían para honrar a los dioses, era el centro del mundo.

El jefe maya más conocido es, tal vez, Hunac Ceel. Según la tradición, se convirtió en rey de la ciudad de Mayapán tras haberse sumergido en un abismo para hablar con los dioses. Luego, ayudó

¿QUIÉN GOBERNABA EN LA CIUDAD?

Todo estaba dirigido por los sacerdotes y los nobles. La parte más alta de la pirámide jerárquica estaba ocupada por «el hombre verdadero» (título que llevó Hunac Ceel), que era como un rey.

También los artesanos ocupaban un puesto privilegiado en la sociedad. Tenían mucha fama gracias a la finura de su trabajo. Los alfareros

¿Qué es la obsidiana?

La obsidiana es una roca volcánica parecida al vidrio, de color oscuro, negro o verde oscuro. Si se fragmenta, corta como una cuchilla. Se utiliza para hacer puntas de flecha, cuchillos, armas y utensilios. Es cara por su escasez. Sin ella, la vida de los mayas sería más dura.

Rascador

Punta de flecha

tante, lograron grabar el oro y el cobre y tallar joyas en jade. Los campesinos venían detrás de los artesanos en la escala social: eran los encargados de procurar alimentos a todos los demás, cosa que nadie les agradecía.

¿ERAN GUERREROS LOS MAYAS?

Los mayas no eran tan belicosos como los aztecas, pero si era necesario, sabían luchar con lanzas, arcos y porras. También tenían armas

se pasaban horas decorando jarrones, bandejas y estatuillas de terracota. Los mayas, como los aztecas, no tenían utensilios de hierro, sino de piedra, esculpidos en sílex y obsidiana. No obs-

Joya de jade

secretas, como la bomba de avispas: cuando el enemigo se acercaba, lanzaban contra él nidos de abejorros. Los insectos zumbaban furiosos y se lanzaban contra todo aquello que se movía, ocasionando dolorosas picaduras a los soldados del ejército enemigo. Después de la batalla, los prisioneros eran sacrificados o convertidos en esclavos.

¿Eran buenos arquitectos los mayas?

Las ciudades mayas están a menudo perdidas en la selva; su descubrimiento constituye todavía una auténtica aventura. A mediados del siglo XIX, dos viajeros, Stephens y Catherwood, paseando por la selva se toparon de repente con una cabeza esculpida y... toda una ciudad cubierta por la vegetación apareció ante sus maravillados ojos.

Los arquitectos eran muy importantes. Calculaban el tamaño de los monumentos, la resistencia de los materiales, la altura de los techos y dirigían el trabajo de los obreros. Tenían una gran responsabilidad, pues, si un edificio se venía abajo, significaba que los dioses no aprobaban su construcción.

Arco de Labná

¿PARA QUÉ SERVÍAN LAS CIUDADES MAYAS?

Las construcciones no eran de gran calidad. Los mayas no conocían la bóveda: levantaban gruesos muros, casi sin vanos; las habitaciones eran oscuras. Pero eran muy listos, pues inventaron un cemento muy sólido para adherir las piedras unas a otras.

Las ciudades eran, sobre todo, lugares de culto y de mercado, donde se organizaban grandes fiestas para honrar a los dioses. En realidad, tenían pocos habitantes, aparte de los nobles y de los sacerdotes, que vivían en palacios. Las ciudades solían ser muy grandes, pero no había

verdaderas calles, pues los mayas vivían diseminados en el campo.

Entre unos monumentos y otros había jardines, lagos, campos y a veces incluso espacios ocupados por la selva donde vivían aves y monos. La ciudad se organizaba en torno a los templos y formaba un conjunto muy complicado. Era fácil que los campesinos se perdieran en ella, pero no los arquitectos...

¿SE PARECIAN TODAS LAS CIUDADES?

Un templo, un palacio, otro templo, otro palacio... ¿Acaso los mayas sólo sabían construir templos y palacios? Esto no es del todo exacto. Aparentemente, todas sus ciudades se parecían, pero en realidad eran muy distintas unas de otras y con el tiempo iban cambiando. A un

¿Tienen carreteras los mayas?

Los mayas no son grandes viajeros, pero practican el comercio con sus vecinos y se desplazan para asistir a las fiestas y a las ceremonias religiosas. Para atravesar la selva, construyen carreteras de piedra y cemento. La más bonita de ellas une Cobá con Yaxuná, en el Yucatán. Mide 100 kilómetros de largo y casi 10 metros de ancho y, a veces, se eleva hasta los 2,4 metros por encima de los pantanos.

período tranquilo sucedían tiempos turbulentos; las guerras se multiplicaban... y los mayas, para defenderse, construían murallas en torno a sus ciudades, como en Tulum o en Mayapán.

Un templo de Tulum

El templo del Sol en Palenque

¿CÓMO SE CONSTRUYERON LAS PIRÁMIDES?

Al igual que en Egipto, las pirámides ocupan un lugar muy importante en la arquitectura de los mayas, aunque no desempeñan el mismo papel: casi nunca se utilizan como enterramiento. Su función es servir de base a los templos que se construyen sobre ellas para que estén más cerca de los dioses.

Para construir una pirámide hacen falta cientos de hombres. Los obreros acumulan tierra y forman un montículo que se alza poco a poco hacia el cielo. Es un trabajo muy duro con calor sofocante. Tienen madera abundante, pero la piedra escasea. Cerca de la obra, los hornos de cal funcionan constantemente para proporcionar el cemento necesario a la construcción de los muros.

Una vez terminada la base, se recubre el conjunto con piedras revestidas de estuco sobre las cuales los artistas pintarán personajes. También darán color a las estatuas y harán cobrar vida a los reyes y a los dioses que tan hábilmente han labrado los escultores.

Hay pirámides de gran altura: en Tikal, alcanzan los 70 metros. ¡Qué pequeño se ve el templo allá arriba!

¿POR QUÉ TIENEN POCAS VENTANAS LOS PALACIOS Y LOS TEMPLOS ?

Las construcciones mayas son frágiles. Para hacerlas más sólidas, se alzan gruesas paredes, lo que limita el espacio interior y las posibilidades de abrir vanos en ellas. Tampoco hay chimeneas, por lo cual se cocina fuera. Las habitaciones son oscuras, las teas apenas las iluminan y el humo pica en los ojos. Pero en cambio, son muy frescas, incluso cuando hace mucho calor. El resultado es un espacio cerrado, donde el sol

¿Qué es el estuco?

El estuco es una mezcla de escayola y cola. Como la piedra es escasa, los mayas lo utilizan mucho para decorar templos y palacios y también para recubrir las carreteras y hacer tuberías. El estuco es ligero y se trabaja fácilmente. Una vez seco, se pone muy duro, pero la lluvia lo estropea y hay que protegerlo.

Máscara de jade, de Palenque

¿A QUÉ SE PARECE LA CASA DE UN CAMPESINO?

El rey vive en un palacio sombrío y suntuoso, adornado con esculturas, frescos y objetos preciosos. Con esto pretende dominar a sus súbditos e impresionar a los jefes de las ciudades vecinas. Por el contrario, el campesino vive en

no entra apenas, que hace pensar en grutas sagradas. Allí dentro, los mayas celebran ceremonias secretas que no pueden tener lugar a la vista de todos.

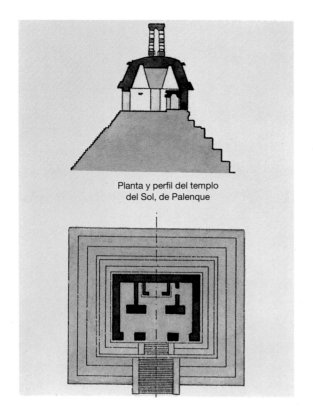

Planta y perfil del templo del Sol, de Palenque

una casa muy sencilla: una cabaña de madera con techo de hojas de palmera que se compone de una sola habitación en la que vive toda la familia. Tiene dos puertas, una frente a otra, para que el aire circule y refresque el interior. No es aire acondicionado, pero sí un ingenioso sistema que hace más soportable el calor... En la montaña, donde hace más frío, hay casas de piedra.

¿Eran grandes sabios los mayas?

Los sacerdotes mayas se pasan horas examinando el cielo para comprender los movimientos del Sol, de la Luna y de las estrellas. Son unos excelentes astrónomos, capaces de prever con precisión los eclipses de Sol y de determinar las fases de Venus, con un margen de error de un día escaso en un periodo de seis mil años.

Observatorio de Chichén-Itzá

Los sacerdotes emplean el cero para hacer cálculos; de este modo, pueden manejar cifras enormes como la centena de millones e incluso más. Si consideramos los escasos medios de que disponen, nos daremos cuenta de que sus conocimientos son inmensos. Hay quien piensa, incluso, que los extraterrestres fueron a ayudarlos... La verdad es que no les hacía falta.
Noches y más noches en vela, grandes dosis de paciencia e ingenio y la fiel transmisión de los conocimientos de generación en generación... ése es su secreto.

¿CÓMO OBSERVAN LOS ASTROS?

Los mayas tenían auténticos observatorios, como por ejemplo el de Chichén-Itzá. El observatorio es un edificio pensado para calcular la trayectoria de las estrellas en el firmamento. Lo que observan permite a los sacerdotes fijar las fechas del calendario, algo muy importante para un pueblo que vive con la angustia de la destrucción del mundo. Las predicciones quedan inscritas en unas estelas magníficamente esculpidas que adornan las ciudades.

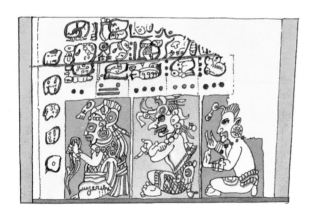

¿CÓMO SE IMAGINAN EL MUNDO?

Para los mayas, como para los aztecas, la Tierra está colocada sobre el lomo de un enorme cocodrilo que flota en el mar. Por encima, se encuentran trece cielos superpuestos que constituyen las moradas de las estrellas, del viento, de la Luna,

del Sol y de los dioses. En cada rincón del mundo hay un árbol inmenso que sujeta el cielo. Hay, también, nueve mundos subterráneos custodiados por los «nueve señores de la noche», a los que todo el mundo teme: es peligroso viajar después de la puesta del Sol porque es entonces cuando los malos espíritus salen del reino de las sombras.

¿Qué es el Popol-Vuh?

«Los dioses dijeron "Tierra" y en ese momento apareció la Tierra, las montañas surgieron de las aguas y al hacerse grandes se iban cubriendo de árboles. Después crearon a los animales, a los genios de las montañas y a los guardianes de la selva: ciervos, aves, pumas, jaguares, serpientes y víboras» esto es lo que dice el Popol-Vuh, el libro sagrado de los mayas quichés, que narra la creación del mundo. Y añade: «No habrá en la Tierra gloria ni grandeza hasta la creación del hombre».

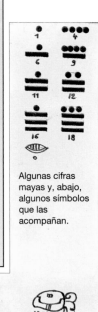

Algunas cifras mayas y, abajo, algunos símbolos que las acompañan.

¿CÓMO ESCRIBEN LOS MAYAS?

Los mayas tienen una escritura muy complicada en la que el dibujo ocupa un lugar importante. Los escribas utilizan unas tiras de papel hechas con corteza de árbol recubierta de cal. Con mucha paciencia van colocando columnas de cifras junto a la imagen de los dioses, empleando a menudo bonitos colores, como el rojo o el azul turquesa. La corteza es muy fina y por lo tanto frágil, sobre todo en las regiones húmedas, donde la lluvia se cuela por todas partes. Por ello, para mayor seguridad, los mensajes se esculpen en la piedra de los templos. Pero, ¿quién los comprende hoy? Nadie ha conseguido todavía desentrañar su misterio.

¿Tenían muchos dioses los mayas?

El universo de los mayas es un universo mágico, gobernado por una multitud de divinidades. Las más importantes son el Sol y la Luna, o Itzamna, el dragón celeste venerado por los sacerdotes y los nobles. Sin embargo, el pueblo llano prefiere dioses más próximos a la vida cotidiana.

Chac, el dios de la lluvia

Cuando un campesino quiere roturar una parcela de bosque, puede herir al dios y tiene que pedirle disculpas: «Oh Dios, padre mío, madre mía, sagrado Huitz-Hok, señor de las colinas y de los valles, señor del bosque, ten paciencia. Yo hago lo que siempre se ha hecho. Acepta mi ofrenda de copal». Los campesinos no comprenden muy bien a los dioses abstractos de la gente de la ciudad. Se encuentran más a gusto entre sus diosecillos de la lluvia que, ayudados por todo un ejército de ranas, protegen sus cosechas.

¿SON BUENOS O MALOS ESTOS DIOSES?

A menudo, los dioses son buenos y malos a la vez. Hay que procurar no ofenderlos. Los Chacs traen la lluvia, pero también el granizo que destruye las cosechas. Para evitarlo, los sacerdotes intentan desviar las nubes lanzando gritos estentóreos. Incluso el dios Sol, cuando se oculta, se convierte en uno de los señores de la noche. ¿De quién fiarse?

El dios de las abejas

El dios
del cacao

El dios de los muertos

¿CÓMO HAY QUE VENERAR A LOS DIOSES?

Algunas personas no vacilan en herirse los brazos, las piernas, o la lengua con una espina de cacto para rociar con su sangre la estatua de algún dios. También se practican sacrificios humanos, aunque la religión de los mayas no es tan cruenta como la de los aztecas. Los sacerdotes queman incienso en los templos y llevan alimentos a los dioses. Los ritos son muy complicados y el menor error puede acarrear grandes desgracias para todo el pueblo.

Cuando la ciudad está amenazada por algún peligro, se encomienda a un mensajero que vaya a hablar con los dioses y a pedirles consejo. Para ello se le arroja a un pozo profundo esperando que suba con una respuesta. Si no aparece, hay que designar a otro voluntario...

¡Cuidado con las ranas!

Cuenta la leyenda que un joven fue conducido al palacio de los Chacs, los dioses de la lluvia. Como le habían dicho que barriera, se puso a golpear a las ranas. Y el cielo entero retumbó con su croar indignado. El joven derramó el agua de una vasija y un auténtico diluvio cayó sobre la Tierra. Si los Chacs no llegan a intervenir, el mundo habría sido anegado.

¿Qué es el copal?

Para honrar a los dioses se quema una resina olorosa, que purifica el aire y deja los templos llenos de buen olor. Esta resina es el copal y lo emplearon tanto los mayas como los aztecas.

¿Conocieron los mayas a los aztecas?

Los mayas conocían la existencia de los aztecas pero tuvieron pocos contactos con ellos, porque vivían lejos y tenían unas costumbres bárbaras que no les gustaban. Los mayas desconfiaban sobre todo de la fuerza militar y de las ansias de poder de los aztecas. De hecho, aztecas y mayas se volvieron la espalda y vivieron cada uno por su lado.

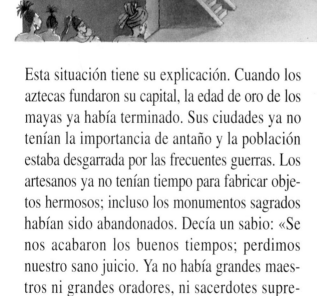

Esta situación tiene su explicación. Cuando los aztecas fundaron su capital, la edad de oro de los mayas ya había terminado. Sus ciudades ya no tenían la importancia de antaño y la población estaba desgarrada por las frecuentes guerras. Los artesanos ya no tenían tiempo para fabricar objetos hermosos; incluso los monumentos sagrados habían sido abandonados. Decía un sabio: «Se nos acabaron los buenos tiempos; perdimos nuestro sano juicio. Ya no había grandes maestros ni grandes oradores, ni sacerdotes supremos.» ¿Qué había ocurrido para que los mayas lamentaran su suerte de esta manera?

¿QUÉ OCURRIÓ CON LAS CIUDADES MAYAS?

Una primera desgracia se abatió sobre los mayas hace algo más de mil años: sus grandes ciudades fueron abandonadas unas tras otras. ¿Por qué? Es algo que no se sabe todavía. Quizá se debió a un cataclismo, a las guerras o a una epidemia. Podemos suponer, también, que los campesinos ya no podían alimentar a los habitantes de las ciudades cada vez más numerosos, o que se rebelaron contra los sacerdotes y los

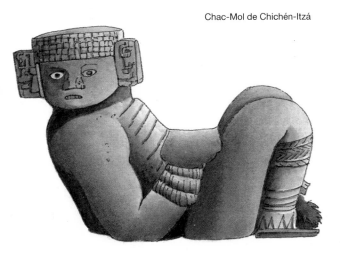

Chac-Mol de Chichén-Itzá

nobles que querían construir templos cada vez más altos y palacios cada vez más grandes. Entonces cayó sobre los mayas una nueva desgracia. Gentes procedentes del Norte invadieron sus tierras y les impusieron su lengua y sus bárbaras costumbres. Renacieron ciudades como Uxmal o Chichén-Itzá, pero ya nada era igual que antes. Los sacrificios humanos eran cada vez más frecuentes; dioses nuevos destronaron a las divinidades mayas, y Quetzalcóatl, la serpiente con plumas, comenzó a reinar por la fuerza en unas ciudades dominadas por extranjeros.

A los mayas no les gustaban los conquistadores del Norte y tenían de ellos esta opinión: «Tuercen el cuello, tuercen la boca, guiñan los ojos, les sale espuma por la boca ante todo el mundo, hombres, mujeres, jefes, jueces, oficiales, presidentes... todos, grandes y chicos. Ya no hay enseñanza. El Cielo y la Tierra se han perdido definitivamente para ellos.» Bien lejos quedaba el sentido de la mesura de los auténticos príncipes mayas. Por eso es fácil comprender por qué éstos no querían mantener relaciones con los aztecas, pues formaban parte de la misma familia brutal que los del Norte.

¿QUIÉN ERA QUETZALCÓATL?

Según la leyenda, Quetzalcóatl era el rey de una ciudad del Norte llamada Tula. Expulsado de su reino, partió sobre una balsa de serpientes y fue a refugiarse en el territorio de los mayas. Quetzalcóatl representa el nexo entre los mayas y los pueblos de México central, los aztecas, que se consideran herederos del rey de Tula y creen que un día el dios vencido volverá de su exilio para vengarse.

¿De dónde proceden los aztecas?

En su origen, los aztecas eran un pueblecillo nómada, los *chichimecas*, uno de aquellos «pueblos perros», como los llamaban los habitantes de las ciudades y los agricultores.

Los aztecas eran pobres, vivían de la caza y de la recolección en las áridas llanuras del norte de México. No sabían construir pirámides como los mayas, nadie quería saber nada con ellos; pero su dios, Huitzilopochtli, les prometió que llegarían a ser los más poderosos del mundo. La historia de los aztecas es sorprendente. Esta tribu de salvajes se convertirá, en unos años, en una gran potencia y gobernará un gran imperio. A fuerza de valor y de crueldad, los guerreros, guiados por Huitzilopochtli, crearán una civilización original y brillante. «La fama y la gloria de México-Tenochtitlán durarán tanto como el mundo», decía un poeta. Los aztecas, los últimos en llegar al rico valle de México, estaban orgullosos de su ciudad.

¿ES UNA LEYENDA LA FUNDACIÓN DE TENOCHTITLÁN?

Según las consignas de su dios, los aztecas debían fundar su ciudad en el lugar en que vieran un águila posada sobre un nopal devorando a una serpiente. Tras años y años de vagar, descubrieron esta escena en una zona pantanosa a la que nadie osaba acercarse. El *nochtli,* en la lengua de los aztecas, es el fruto del nopal, el higo chumbo, que simboliza el corazón humano ofrecido en sacrificio. Tenochtitlán significa: «cerca del higo chumbo sobre una piedra». El otro nombre de la ciudad es México, que quiere decir: «en medio del lago de la luna».

¿Una mala boda?

Huitzilihuitl, segundo rey de los aztecas, quería casarse con la hija del soberano de Cuernavaca, quien respondió: «Pero ¿qué dice Huitzilihuitl? ¿Qué va a ofrecer a mi hija? ¿Higos de nopal que crecen en el agua? ¿La vestirá con plantas acuáticas, como se viste él? En su tierra no crece nada, no hay nada que comer, no hay frutos ni algodón para hacer vestidos... Venga, ¡vete y no vuelvas!»

Huitzilopochtli

¿CÓMO VIVÍAN LOS PRIMEROS AZTECAS?

Los primeros aztecas estaban sojuzgados por los otros pueblos que ocupaban el valle, pagaban muchos impuestos y se alistaban como soldados en las luchas que libraban entre sí las ciudades principales. Vivían en chozas de paja y de cañas y se alimentaban con ranas y serpientes. Para construir su primer templo tuvieron que intercambiar pescado, conchas y patos por piedra y madera. Todos los despreciaban porque eran pobres, pero al mismo tiempo los temían, incluso sus aliados, por su valor y su crueldad.

¿Era Tenochtitlán una ciudad bonita?

México fue fundada en 1325. Un siglo después se había convertido en una de las ciudades más hermosas del mundo, con sus templos, sus calles rectas, canales, diques, jardines y unas casas tan blancas que relucían al sol como si fueran de plata.

Huitzilopochtli dominaba desde su altura los santuarios de los demás dioses; a su lado, el palacio del rey, magníficamente decorado, era la

Los viajeros se quedaban impresionados: la capital de los aztecas era una verdadera maravilla. Construida en medio de un lago, parecía una Venecia interior. Por todas partes había jardines que embellecían la ciudad. El gran templo de

sede del poder y la cabeza del imperio. A lo lejos, se adivinaba la silueta del Popocatépetl, la famosa «montaña que fuma». Los habitantes de México temían sus estallidos de cólera, pero sabían que los dioses protegían su ciudad.

Un conquistador maravillado

«**E**stábamos impresionados. Esas torres enormes, esos templos y esas construcciones de piedra que emergían de las aguas, nos parecían hechos por arte de magia (...), algunos de nuestros soldados decían que estaban soñando.»

¿ERA UNA CIUDAD MODERNA?

Era una ciudad lacustre, protegida de las inundaciones por gruesos malecones y unida a la tierra por amplias calzadas recubiertas de estuco. El agua del lago no era buena para beber, era un poco salobre y tenía mal sabor. Así pues, los soberanos aztecas mandaron construir un acueducto para proporcionar agua a los habitantes. El acueducto atravesaba una parte del lago y llevaba a las fuentes un agua fresca y limpia. Y el colmo del lujo: ¡los nobles tenían hasta

agua corriente en su casas! Todo estaba muy bien organizado y México era ya entonces, con sus 200.000 habitantes, una de las mayores ciudades del mundo.

¿QUÉ ES UN JARDÍN FLOTANTE?

Al principio, los aztecas disponían de muy poco sitio, pues se habían instalado en una isla muy pequeña. Para aumentar el espacio acumularon tierra en unas esteras de mimbre y las colocaron en la superficie del lago. De este modo, podían cultivar frutas, flores y verduras en plena ciudad. Algunos de estos campos artificiales podían ser desplazados, eran los «jardines flotantes», aunque lo más frecuente era que permanecieran fijos al fondo del lago por las raíces de los árboles.

¿Por qué vivían en un lago los aztecas?

Porque era el único lugar disponible cuando llegaron al valle de México; la buena tierra escaseaba y había demasiados mosquitos.

Sin embargo, aquel lugar ofrecía buenas posibilidades para la defensa. Si alguien quería atacar Tenochtitlán tenía que aventurarse por el lago o atravesar las calzadas, que estaban muy bien protegidas.

Los aztecas sabían lo mucho que le debían al lago que los alimentaba y los protegía. Por eso, todo el mundo contribuyó con su esfuerzo a la construcción de diques y canales para que las aguas se mantuvieran al mismo nivel en caso de sequía o de inundación.

¿CÓMO SE DESPLAZABAN?

El lago era al mismo tiempo un obstáculo y una vía de comunicación. La superficie del agua estaba plagada de piraguas, embarcaciones ligeras y manejables hechas con un tron-

Ehecatl

co de árbol. Las más grandes podían transportar hasta sesenta pasajeros un poco apretados. Los aztecas no conocían la vela, de manera que las hacían avanzar a fuerza de remos. Viajaban de noche para evitar el calor sofocante. Cuando soplaba el viento, las piraguas debían volver pronto al puerto para que las olas no las volcaran. Los remeros temían a Ehecatl, el dios del viento.

¿Qué es el axolotl?

Es un animal extraño, una especie de salamandra de color blanco, que sólo vive en el lago de México. Bien preparado con hierbas aromáticas y chile, era muy apreciado por los nobles aztecas.

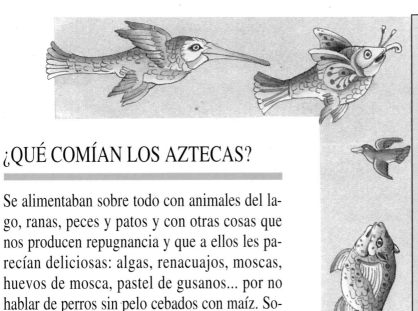

¿QUÉ COMÍAN LOS AZTECAS?

Se alimentaban sobre todo con animales del lago, ranas, peces y patos y con otras cosas que nos producen repugnancia y que a ellos les parecían deliciosas: algas, renacuajos, moscas, huevos de mosca, pastel de gusanos... por no hablar de perros sin pelo cebados con maíz. Sobre gustos...

¿Cuántas comidas hacían al día?

Los campesinos se levantaban al clarear el día. Hacia las diez, tomaban una papilla de maíz aderezada con azúcar o con chile. La comida más importante la hacían en mitad del día; a veces comían carne, pero generalmente productos acuáticos. Los nobles preferían comer por la noche, cuando refrescaba un poco, cosas refinadas y servidas en vajilla de oro y de plata.

ponían en la cabeza una calabaza hueca, con dos agujeros y se sumergían en el agua sin hacer ruido para agarrar los patos por las patas. Todo era cuestión de discurrir un poco.

Los habitantes del lago eran a la vez pescadores y cazadores. Los aztecas tenían unas técnicas muy curiosas: atrapaban los pájaros con red y los peces con lanza. Los más astutos se

¿Llevaban una vida agradable los aztecas?

A Tenochtitlán llegaba toda clase de productos y sus mercados rebosaban de mercancías procedentes de todos los rincones del mundo. A los aztecas no les faltaba de nada. Lo que no producían ellos, lo compraban, y lo que no compraban, lo tomaban de las ciudades conquistadas, obligadas a pagar un gravoso tributo en especie.

El mercado de Tlatelolco estaba lleno de sorpresas. Joyas de oro y de plata, piedras preciosas, tejidos bordados de algodón, penachos de plumas verdes. Esclavos, frutas y verduras: tomates rojos, verdes, aguacates maduros, cacao aromático, papayas, guayabas, pescado, carne, serpientes enteras o en lonchas... Había un fuerte olor por todas partes, las especias hacían cosquillas en la nariz. ¿Quién quiere tortas de maíz rellenas? Era fácil dejarse tentar.

¿ERAN RICOS LOS COMERCIANTES?

Los comerciantes, llamados *pochtecas*, emprendían largos viajes hacia las cálidas tierras del Sur, para proveerse de productos raros como las plumas del quetzal. Eran ricos, pero no podían manifestarlo, pues esto sólo les estaba permiti-

El peso del tributo

Cada año, las ciudades sometidas enviaban a Tenochtitlán dos millones de piezas de tela, 32.000 grandes hojas de papel, 150.000 taparrabos, 30.000 lotes de plumas preciosas... Sin contar el oro, las turquesas, el jade, el incienso, el caucho, los alimentos y las flores tropicales.

do a los guerreros nobles. El oficio de mercader era peligroso; tenían que saber luchar y a veces hacían de espías: con el pretexto de vender cosas, examinaban las defensas de las ciudades por las que pasaban. A la vuelta, informaban al rey para ayudarle a preparar sus futuras conquistas.

¿Tenían moneda los aztecas?

A menudo practicaban una economía de trueque cambiando ranas por fruta, tejidos de algodón por una joya, miel por flores... Algunos productos eran más valiosos que otros y se utilizaban como moneda, por ejemplo, el polvo de oro, las piedras preciosas o el cacao. Pero había que tener cuidado con los falsificadores que vaciaban la mazorca y sustituían el chocolate por arcilla.

¿PAGABAN IMPUESTOS LOS AZTECAS?

Cada cual ocupaba un puesto en la sociedad, por lo tanto, todos debían pagar impuestos, excepto los nobles y los guerreros que hubieran capturado al menos cuatro soldados enemigos. Incluso a los más pobres se les exigía un esfuerzo y estaban obligados a llevar al recaudador sacos llenos de... pulgas; así libraban a la ciudad de tan dañinos insectos.

También pagaban impuestos las ciudades sometidas a Tenochtitlán, pero a menudo se rebelaban contra los recaudadores, lo cual obligaba al soberano a lanzarse a la guerra para castigar a los rebeldes. El botín se repartía entre el rey y los nobles, de modo que si los soldados luchaban con ardor no era sólo por la gloria, sino también para obtener una parte del botín.

¿A QUIÉN PERTENECÍA LA TIERRA?

La tierra pertenecía a la comunidad, no al campesino. Cada azteca casado tenía derecho a recibir una parcela de tierra y cultivarla, pero no era propiedad suya. Si no la atendía convenientemente, el jefe del pueblo o del barrio podía quitársela y dársela a otro, lo que significaba el deshonor para toda la familia.

El soberano concedía tierras a los guerreros más valientes; en consecuencia, los nobles tenían grandes propiedades cultivadas por esclavos o por los habitantes de las tierras conquistadas. El trabajo era una forma de tributo, como las prestaciones personales de la Edad Media, pues hacían falta muchos hombres para mantener los templos y los palacios.

¿ERAN SEVEROS LOS JUECES?

A los aztecas no les gustaban ni los tramposos ni los ladrones. Las penas solían ser muy severas, pues los jueces, nombrados por el soberano, no se andaban con bromas en lo tocante a la moralidad. ¿Que un campesino ha movido los límites de su campo para invadir el de su vecino? Se le castigará con la pena

de muerte. El mismo castigo esperaba al ladrón, al tutor poco honrado que se apropiaba de los bienes de su pupilo, al falsificador de moneda o a los adúlteros. En caso de delitos menos graves, el culpable podía ser vendido como esclavo.

El dios del maguey

Estaba prohibido beber alcohol; sólo podían hacerlo las personas mayores, pues ya no estaban en edad de trabajar. Si alguien era sorprendido bebiendo, recibía una reprimenda y si reincidía, una paliza. El dios de la embriaguez estaba representado por un conejo y tratar a alguien de conejo era un insulto muy grave.

¿CUÁL ERA EL DESTINO DE LOS ESCLAVOS?

En una sociedad tan estricta, los esclavos gozaban de gran protección: su amo no podía maltratarlos ni golpearlos y tenían derecho a ser alimentados y cobijados. Había esclavos que ocupaban puestos importantes, por ejemplo, ser responsables de una propiedad. Otros aún tenían más suerte, como aquella esclava a la que llevaron a un palacio y cuyo hijo se convirtió en emperador. Algunos aztecas que no querían ir a la guerra o que no podían pagar sus deudas se vendían a sí mismos como esclavos.

¡Corre, corre!

Cuando se llevaba a un esclavo al mercado se le permitía escaparse. Si conseguía refugiarse en el palacio del rey, quedaba libre. Sólo podían perseguirlo su propietario o algún miembro de su familia, y si alguna otra persona lo detenía, ésta se convertía en esclavo en su lugar.

¿Les gustaba jugar?

La sociedad azteca era más bien reservada. Los aztecas no solían reír demasiado fuerte ni divertirse en público. Las normas morales eran muy estrictas, sobre todo para los nobles, pues tenían que dar ejemplo. Entre los aztecas, el juego no era casi nunca una diversión.

El juego de pelota, al que acudían muchedumbres, no era un simple entretenimiento, puesto que representaba la lucha entre el Sol y la noche. También era frecuente el espectáculo de los hombres *voladores,* que se ataban una cuerda a la cintura, se lanzaban desde lo alto de un poste y caían dando vueltas. Los espectadores contenían la respiración porque los accidentes eran frecuentes. Tampoco esto era un juego, sino una ceremonia dedicada a los dioses de la lluvia.

¿QUÉ JUEGOS CONOCÍAN?

Para entretenerse, los aztecas jugaban a juegos de mesa como el *patolli,* cuyas reglas no conocemos, pero que debía de ser una especie de juego de la oca; consistía en mover judías por un tablero en forma de cruz. Era un juego muy

apreciado por todos y tenía un valor simbólico, pues el tablero se componía de 52 casillas, como los 52 años del «siglo» azteca. Los jugadores tenían que buscar presagios. ¿Será buena la cosecha? ¿Tendrá la suerte de capturar a un enemigo? Los participantes se ponían nerviosos. Los jugadores más empedernidos apostaban todas sus pertenencias y llegaban incluso a venderse como esclavos si la suerte no les era propicia.

¿LES GUSTABA CANTAR Y BAILAR?

En las fiestas aztecas, sobre todo en las que se celebraban con ocasión de las ceremonias religiosas, siempre había bailes y canciones. En

esas ocasiones, el emperador no dudaba en mezclarse con los danzantes. Los músicos utilizaban flautas de arcilla o de caña, silbatos de barro,

panderetas y cencerros. Para llevar el ritmo se golpeaba sobre un tambor llamado *teponaztli*. Cuando los nobles querían divertirse, mandaban llamar a los acróbatas. Las muecas de los contorsionistas hacían reír a todos; los equilibristas, tumbados en el suelo, daban vueltas con los pies a una pesada viga. ¡Qué destreza y qué fuerza! Luego, una nueva atracción atraía todas las miradas: los enanos, que llegaban acompañados por osos y jaguares. Los asistentes no tenían nada que temer pues los animales estaban bien amaestrados.

¿ESCRIBÍAN POEMAS?

Los campesinos no tenían tiempo de escribir versos. A los nobles les gustaba la poesía y algunos escribían poemas que hablaban de la vida y de la muerte, del amor y de la amistad. Nezahualcóyotl, rey de Texcoco, fue el poeta más importante de su tiempo. En su palacio, al borde de una fuente, se celebraban reuniones para escuchar sus últimas obras, interpretadas por actores y músicos. ¡Qué lejos se veía la guerra en esos momentos!

¿Cómo educaban a los niños?

Los niños aztecas tenían que empezar a ser útiles desde muy pequeños. Los hijos de los pescadores, pescaban, los de los campesinos, empezaban a cultivar la tierra. Las niñas se quedaban en casa para aprender a tejer. Los niños de Tenochtitlán no tenían mucho tiempo para jugar.

A los hijos de los nobles se les exigía ser comedidos en todo. Según los ancianos: «Nunca se ha elegido como dignatarios a hombres orgullosos, presuntuosos o escandalosos. Nunca un hombre descortés, mal educado o grosero ha tenido autoridad.»

El primer requisito de la sabiduría azteca era la obediencia, y ¡pobre de aquél que se apartaba del buen camino!

¿QUÉ PAPEL DESEMPEÑABAN LOS PADRES?

Los padres enseñaban a sus hijos los rudimentos de la moral: no robar, no mentir, respetar a los ancianos. También les enseñaban un oficio, pues, con el tiempo, sucederían a sus padres. Los castigos eran severos. Cuando un niño desobedecía a sus padres se le podía castigar pinchándole con un cacto o ha-

¿Cuál era la ración de tortas de maíz para los niños?

A los tres años, les daban para comer media torta de maíz. La ración iba aumentando poco a poco y a los trece años les correspondían dos.

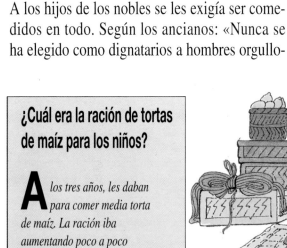

Conejo que habla

Serpiente de nube

ciéndole aspirar el humo de un fuego de guindillas que le escocía en los ojos y le hacía toser... ¡Cualquiera olvidaba semejantes lecciones!

¿HABÍA ESCUELAS?

Había escuelas, pero sólo para los hijos de familias acomodadas, que podían elegir entre el *calmecac* y el colegio militar. En este último, los chicos aprendían el oficio de soldado y las chicas a llevar una casa. Era el lugar al que acudían los que querían ser guerreros.

El *calmecac* era una mezcla de monasterio y de instituto. Estaba dirigido por sacerdotes que imponían una severa disciplina. Las asignaturas eran la historia, la astrología, el calendario sagrado, la interpretación de los sueños... Los alumnos tenían que ayunar de vez en cuando e imponerse penitencias. Los castigos eran frecuentes y tan severos que algunos añoraban los tiempos felices en que el humo de las guindillas picaba en los ojos.

Los consejos de un sabio

«*No hables demasiado deprisa, no alces la voz. Emplea un tono moderado, ni alto ni bajo, que tu palabra sea afable y serena. No camines con la cabeza gacha, o inclinada hacia un lado o mirando a derecha e izquierda, si no dirán de ti que eres un mal educado o un imbécil... No esperes a que te llamen dos veces, responde enseguida.*»

¿A qué edad iban a la escuela?

La gente pudiente enviaba a sus hijos a la escuela a los seis años, pero también se podía ir más tarde, hacia los quince.

¿Eran buenos artesanos los aztecas?

Todas las provincias del imperio enviaban a Tenochtitlán trajes, tejidos, joyas... aunque también los aztecas sabían hacer objetos hermosos. Los artesanos supieron utilizar con gran talento todos los recursos de las plantas que crecían en el valle de México.

Tomemos como ejemplo el maguey: ¿qué habría sido de los aztecas sin él? ¡Cuántas cosas les proporcionaba el maguey, un simple cacto! Con su savia hacían hidromiel y cerveza; las raíces las consumían tostadas, las hojas las utilizaban para hacer la techumbre de las cabañas; con las fibras hacían vestidos, cuerdas y sacos, y las espinas servían de aguja, de clavo o de anzuelo... Cuando un azteca abandonaba un cacto ¡ya no quedaba nada de él!

¿ESTABAN ESPECIALIZADOS LOS ARTESANOS?

Unos hacían objetos de barro, otros, joyas de oro; los más famosos tejían trajes de plumas preciosas para los nobles. Ésta es la razón por la cual las ciudades de las tierras cálidas, próxi-

mas a las zonas tropicales, tenían que enviar a Tenochtitlán grandes cantidades de plumas. Sin duda, los papagayos no estarían muy de acuerdo con el gusto de los aztecas por los vestidos de lujo...

Las astucias del mal alfarero

«*Unas vasijas están bien cocidas, otras no. Algunas están resquebrajadas a causa del fuego, otras sólo medio cocidas. Para hacer creer que son buenas y que están bien cocidas, las cubre con una espesa capa de pintura.*» *El ama de casa, antes de comprar una vasija, la golpea suavemente: si suena bien, es que está intacta.*

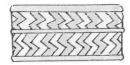

Una casa por dentro

Unas cuantas esteras, arcones o asientos de mimbre, éste es el mobiliario de la casa tanto entre los pobres como entre los ricos...

¿QUÉ HACÍAN CON LAS CAÑAS?

Las cañas (o los carrizos) eran tan abundantes en el lago como los papiros en Egipto, y había muchas variedades. Los aztecas las uti-

lizaban para construir sus viviendas, para fabricar barcas, cestas, asientos y esteras. La caña era casi tan útil como el maguey y alcanzó tanta importancia que simbolizaba el poder. Cuando un príncipe azteca decía: «Estoy sobre la estera de caña», quería decir: «Yo soy el que gobierna.»

¿DE DÓNDE PROCEDÍA LA SAL?

A los aztecas les gustaban los platos bien condimentados y, por otra parte, necesitaban conservar sus alimentos. Por suerte, el agua del lago era salada en parte; bastaba con evaporarla en unos hornos o disponer unas salinas en las orillas para obtener una sal de sabor un poco picante y muy apreciada. Los salineros tenían mala fama; vivían lejos de la ciudad, en terrenos pantanosos y los acusaban de echar yeso en la sal y de adorar a dioses extraños, como Uixtocihuatl, la diosa de las aguas saladas, a la que se consideraba una desvergonzada.

Nappatecuhtli

Nappatecuhtli, al que veneraban las gentes de las orillas del lago, era el dios de la caña. Fue quien inventó el arte de trenzar las cañas y de fabricar cestas de mimbre.

¿Se conoce la escritura de los aztecas?

Durante mucho tiempo se ha creído que los aztecas no sabían escribir, pues dibujaban los objetos en lugar de emplear letras. Actualmente se sabe que aquellos dibujos formaban una escritura compleja cuyo sentido se va desentrañando poco a poco.

Los manuscritos aztecas se llaman *códices*. Veamos lo que pensaba en el siglo XVI el primer arzobispo de México: «Todos estos libros contienen imágenes y caracteres que representan de un modo racional e irracional animales, hierbas, árboles, piedras, montañas, ríos y otras cosas de este tipo, y es fácil comprender que esto forma parte de una idolatría supersticiosa.» A causa de esta opinión, los españoles echaron al fuego miles de libros, destruyendo así el pasado de Tenochtitlán.

¿QUIÉN INVENTÓ LA ESCRITURA?

Según los aztecas, el descubrimiento de la escritura se debe al dios Quetzalcóatl, la famosa serpiente con plumas, al que también

se atribuye la creación de la poesía, la música, la escultura y la pintura. Quetzalcóatl era un dios sabio dedicado al estudio.

¿Cómo hacían el papel?

Primero se sumergía una corteza de ficus en agua y cal para eliminar la pulpa. Luego se colocaban las fibras sobre una superficie dura y se las golpeaba con una piedra hasta que la hoja quedara homogénea. Por último, la cubrían de almidón o de cal para alisarla; de esta manera se obtenía un soporte blanco sobre el que ya se podía dibujar.

Una escritura complicada

*L*a escritura de los aztecas
es una combinación
de dibujos que representan
objetos reales (montañas, ríos,
personas), ideas (un templo ardiendo
significa la conquista) y sonidos
(el dibujo del agua significa «a»).
Los diferentes elementos
se corresponden entre sí,
de manera que, para comprender
un texto, hay que procurar
no mezclarlos.

A los escribas aztecas se les llamaba *tlacuilos*. Solían ser nobles y ocupaban un puesto muy codiciado. Para ellos, Quetzalcóatl estaba por encima de todos los dioses y despreciaban a los que no sabían leer.

Los *tlacuilos* conservaban la memoria de los grandes acontecimientos y trazaban mapas para que los reyes pudieran saber hasta dónde se extendían sus dominios. El tema de muchos códices era la magia y la religión, la principal preocupación de los aztecas. Los manuscritos más bellos representan calendarios, instrumento imprescindible para los sacerdotes.

¿ERAN MUY SABIOS LOS TLACUILOS?

La escritura exigía mucho trabajo y habilidad, no bastaba con saber dibujar, y como cada color tenía una significación, había que elegir los adecuados, si no el dibujo representaba otra cosa. También había que conocer los atributos de los dioses y saber calcular las fechas, cosa que no estaba al alcance de todo el mundo.

¿Querían los aztecas a sus reyes?

La riqueza de Tenochtitlán dependía de la fuerza de sus soberanos que, quizás, no eran muy queridos, pero sí temidos, sobre todo por sus enemigos. Se les consideraba un poco como dioses, por eso, dirigirles la mirada era un sacrilegio. Si alguien quería hablar con el soberano, tenía que aparecer ante él en actitud humilde y vestido pobremente.

Al rey de los aztecas se le llamaba *tlatoani*, que quiere decir «el que habla». No compartía el poder con nadie y reinaba desde Tenochtitlán sobre un inmenso imperio.

No obstante, en la elección del soberano intervenía siempre una asamblea de notables y se llevaba a cabo entre miembros de la misma dinastía. «Señor, piensa que a partir de ahora vas a caminar sobre una cima muy alta, por un camino estrecho flanqueado de profundos abismos», le decían los ancianos a modo de advertencia.

¿CÓMO ERA LA CORTE DE LOS REYES?

El *tlatoani* vivía en un palacio suntuoso, rodeado por cientos de cortesanos. Allí también gobernaba y administraba justicia, tarea en la que le ayudaban numerosos consejeros. Los nobles que rodeaban al soberano tenían muchos privilegios, por ejemplo, les estaban reservadas algunas flores, y si algún hombre del pueblo las olía en secreto se arriesgaba a ser condenado a muerte.

¿TENÍAN UNA SOLA ESPOSA?

Entre los aztecas existía la poligamia, es decir, un hombre podía casarse con varias mujeres. El soberano, para dar ejemplo, tenía numerosas esposas, cientos, a veces. Nezahualpilli, rey de Texcoco, batió la marca, pues tuvo más de dos mil. En realidad, estos matrimonios se celebraban por razones políticas, más que por amor, para sellar alianzas. Los hermanos, cuñados y sobrinos conspiraban entre sí, y las querellas familiares solían resolverse mediante asesinatos.

El lugar que ocupaba la mujer

El papel de la mujer en la sociedad no era muy importante, aunque ejerciera ciertas profesiones, como sacerdotisa, curandera, partera... Lo más corriente era que se quedara en casa, haciendo la limpieza y la comida.

¿POR QUÉ TENÍAN TANTA FAMA LOS JARDINES REALES?

Los soberanos aztecas se hicieron construir magníficos jardines como los de Chapultepec, «la colina del saltamontes», cerca de Tenochtitlán. Los jardineros aclimataban en ellos flores y plantas procedentes de todo el imperio. Los únicos que podían pasear por las avenidas y contemplar las fuentes y las esculturas que adornaban los parques, eran los nobles. En los árboles, miles de pájaros cantaban haciendo las delicias del *tlatoani*. Los jardines eran también un lugar de culto donde se veneraba a Tlaloc, el dios del agua, cuyo paraíso de verdor servía de modelo a los jardineros.

Muchos hijos

Nezahualpilli tuvo 144 hijos, de los cuales 11 eran de su esposa principal. A mucha distancia venían Axayacatl, con 22 hijos solamente, Ahuizotl, con 20, y Moctezuma que tuvo 19.

¿Eran buenos guerreros?

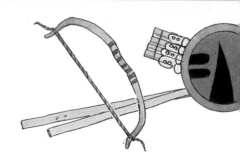

**El imperio azteca estaba gobernado por tres ciudades: Tenochtitlán, la más importante, Tacuba y Texcoco.
En realidad más que un imperio era una confederación de ciudades-estado que gozaban de una cierta libertad a condición de pagar un tributo a los aztecas. El ejército mantenía el orden y sometía por la fuerza a los que se negaban a dar al *tlatoani* lo que éste exigía.**

La guerra formaba parte de la vida cotidiana de los aztecas. En cada hombre había un guerrero que soñaba con ascender todos los peldaños de la carrera militar. Si un guerrero no

¿QUIÉNES ERAN MÁS FUERTES, LOS CABALLEROS DEL ÁGUILA O LOS DEL JAGUAR?

Tanto los unos como los otros eran los mejores soldados y todo el mundo los temía. Antes de pertenecer a sus filas, había que capturar muchos adversarios, pues se juzgaba a los guerreros por el número de prisioneros que hacían.

capturaba prisioneros tendría que volver a arar la tierra y adiós a la gloria y a la riqueza. La guerra respondía, por otra parte, a una necesidad: proporcionar a los templos los cautivos que serían sacrificados para saciar la sed del Sol.

Todos soñaban con ceñirse un día la cabeza del águila o vestirse con la piel del jaguar. Hasta que no capturaban ningún enemigo sólo podían llevar el mechón de cabello, típico de los guerreros jóvenes, mechón que no podrán cortarse hasta después de su primera victoria.

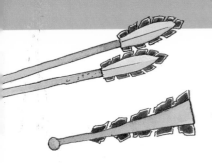

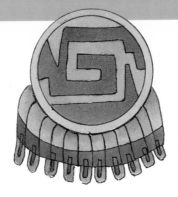

La guerra de las ranas

Los habitantes de Coyoacán robaron a las vendedoras de Tenochtitlán cestas de peces y de ranas. Era una ofensa grave que sirvió de pretexto a los aztecas para declarar la guerra a sus vecinos e imponerles un gravoso tributo.

Combatientes caballerescos

Los aztecas, antes de atacar una ciudad, enviaban embajadores con regalos. Los embajadores proponían a los habitantes que se rindieran sin combatir y les daban un plazo de veinte días para que se decidieran. Al cabo de los veinte días, una nueva delegación llevaba más regalos y precisaba que las condiciones que impondrían a la ciudad serían más duras tras la derrota. Se les daba un segundo plazo de veinte días, y un tercero si no aceptaban. No se puede decir que los aztecas atacaran a sus enemigos por sorpresa.

crificios... entonces el Sol se moriría de sed. Por esta razón, los guerreros de Tenochtitlán organizaban un torneo con los de Tlaxcala, una ciudad vecina. La lucha era encarnizada, pero sólo peleaban para capturar prisioneros y ofrecérselos a los dioses.

¿QUÉ ERA LA «GUERRA FLORIDA»?

Los aztecas conquistaron en muy poco tiempo gran parte de México. En el imperio reinaba la paz, excepto cuando una ciudad se rebelaba para no pagar los tributos. En tiempos de paz se planteaba un grave problema: sin guerra, no había prisioneros, y sin prisioneros, no había sa-

¿Eran crueles los dioses aztecas?

La sociedad azteca era rigurosa, la religión también. Los habitantes de Tenochtitlán vivían en un mundo inestable, frecuentado por monstruos y amenazado por los dioses.

Tlaloc

El rostro de Tlaloc, el dios de la lluvia, parecía una máscara de serpiente con colmillos de jaguar y grandes ojos saltones.

Todos los dioses reclamaban «agua preciosa», «agua de jade», es decir, sangre. Pero no se trataba de crueldad sin más; los aztecas creían de buena fe que, si no alimentaban a los dioses, el mundo se vendría abajo. Con ocasión de la inauguración del templo de Tenochtitlán fueron sacrificadas 20.000 personas. Durante varios días, los sacerdotes se dedicaron a arrancar el corazón de sus víctimas con un cuchillo de obsidiana, para ofrecérselo todavía palpitante al Sol.

Coatlicue llevaba una falda hecha con serpientes trenzadas.

Cuchillo de sacrificio

¿PODEMOS DECIR QUE ERAN HERMOSOS?

Los dioses aztecas daban miedo. Tenían un aspecto espantoso que impresionaba a los fieles.

Coatlicue

Tezcatlipoca

Tezcatlipoca, el dios favorito de los guerreros, sólo tenía una pierna. Xipe-Totec se cubría con la piel de un desollado.

Mictlantecuhtli, dios de los infiernos, uno de los más temidos, se presentaba con una calavera y un esqueleto a modo de cuerpo. Y la hermana de Huitzilopochtli, aparecía cortada en trozos por su propio hermano.

Mictlantecuhtli

¿SE PELEABAN LOS DIOSES?

Tezcatlipoca expulsó a Quetzalcóatl de Tula, su querida ciudad, y le puso en ridículo haciéndole beber cerveza de cacto. Desde entonces se odiaban, pero Quetzalcóatl prometió vengarse y sentarse de nuevo en su trono.

¿CUÁLES ERAN LOS DIOSES MÁS IMPORTANTES?

Los aztecas adoraban sobre todo al Sol, llamado Tonatiuh, y Huitzilopochtli, «el colibrí del sur», que los había guiado hasta el valle de México. Los campesinos preferían a Tlaloc, que fecundaba las cosechas con ayuda de los pequeños Tlaloques. Había un sinfín de dioses y cada cual podía elegir el suyo.

Huehueteotl

¿HABÍA DIOSES BUENOS?

No todos los dioses eran crueles; algunos eran hasta simpáticos, como Xochipilli, príncipe de las flores, al que le gustaba jugar, cantar y bailar. Tenía un buen amigo, Macuilxochitl («Cinco flores»), el dios de la música. Los ciegos lo adoraban porque, incluso sin vista, podían tocar la flauta o el tamboril. Los pintores y los escultores preferían a Xochiquetzal, la «preciosa flor», porque era muy agradable de dibujar. A la bella Tlazolteotl, la diosa del amor, muchos aztecas le reprochaban su conducta desordenada.

Un dios demasiado lento

Huehueteotl, el viejo dios del fuego, no tenía más que un diente y llevaba un brasero en la cabeza; como era tan viejo, siempre llegaba el último.

¿ORGANIZABAN GRANDES FIESTAS?

Algunas fiestas podrían parecernos divertidas, como la que se celebraba en junio a orillas del lago de México. En tal ocasión, los jóvenes se unían a los sacerdotes para honrar a las divinidades lacustres. Se zambullían todos en el agua, se salpicaban, daban patadas y manotazos, imitaban el parpar de los patos y el croar de las ranas. Uno pensaría que se estaban divirtiendo, pues no: estaban dando gracias al lago por proporcionar cada año tantos alimentos y tantas cañas a los habitantes de Tenochtitlán.

¿Tenían los aztecas miedo del más allá?

En el universo mágico de los aztecas, nada estaba confiado al azar. La vida de cada individuo, ya fuera príncipe o campesino, estaba decidida desde el día de su nacimiento, pues el calendario sagrado había fijado para siempre los destinos de todos.

En el calendario azteca, cada día tiene su dibujo

¿QUÉ OCURRÍA CON LOS GUERREROS MUERTOS EN COMBATE?

Los guerreros muertos en combate acompañaban al Sol en su carrera luminosa y formaban un gran cortejo invisible que, día tras día, atravesaba el cielo de este a oeste. A ellos se unían las víctimas de los sacrificios y los mercaderes muertos durante un viaje, lo cual muestra la importancia de los *pochtecas* en la sociedad azteca. Tal honor era compartido por las mujeres que morían al dar a luz un hijo, pues ese hijo era un futuro guerrero.

Los jóvenes nacidos bajo el signo del jaguar, signo de guerra, sabían que un día darían escolta al Sol, para volver después a la Tierra en forma de colibrí. A partir de ese momento, irían de flor en flor y de jardín en jardín como las abejas y las mariposas.

Ahora bien, había días colocados bajo buenos o malos augurios, y los entendidos se encargaban de revelar a la familia el porvenir del recién nacido. Los días que tenían las cifras 7,10,11,12,13, se consideraban particularmente propicios. Los que nacían en un mal día no lo tenían todo perdido, pues hasta los signos más nefastos tenían aspectos positivos. Y llegado el caso, si la situación era muy grave, siempre se podía hacer creer que el niño había nacido otro día.

El colibrí

Es un pájaro muy pequeño, de plumaje vistoso, que se alimenta del néctar de las flores. Mueve las alas tan deprisa que no se ven y puede permanecer en equilibrio.

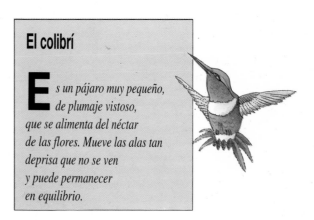

El signo del lagarto

«*L*os que nacen bajo el signo del lagarto serán fuertes, nervudos y gozarán de buena salud. Como los lagartos, no temerán las caídas. Serán muy trabajadores y acumularán riquezas fácilmente.» Esto es lo que decían los especialistas en calendarios.

¿CUÁL ERA EL DESTINO DE LOS DEMÁS MUERTOS?

Los que no morían en combate o sacrificados, debían pasar numerosas pruebas antes de llegar a Mictlán, el reino de las tinieblas, donde reinaba el siniestro Mictlantecuhtli rodeado de arañas y de búhos. En aquel lugar, un viento cortante como un cuchillo de obsidiana, impedía al muerto avanzar; pasaba hambre y frío mientras avanzaba hacia el Norte, bajo tierra, para alcanzar su postrera morada. Unos monstruos le acechaban, a punto de devorarlo. Menos mal que el muerto no estaba solo del todo, le acompañaba un perrito que le guiaba por entre la noche, y que le ayudaba a cruzar los nueve ríos, más allá de los cuales estaba lo desconocido.

A los jóvenes que no eran guerreros, lamentaban no serlo y les daban escalofríos cuando pensaban en lo que les esperaba. Pero no había opción si uno había nacido, por ejemplo, bajo el signo de la caña, emblema de Quetzalcóatl. De todos modos, tal vez llegado al caso, la serpiente con plumas echaría una mano a los que la habían seguido por el camino del Conocimiento...

Una extraña costumbre

*C*uando una mujer moría de parto, los jóvenes guerreros le cortaban el cabello y un dedo de la mano derecha; esto sería su talismán en las batallas.

El color de los perros

El perro destinado a acompañar al difunto al reino de los muertos no podía ser negro, porque no se le vería en la oscuridad. Tampoco debía ser blanco, pues en ese caso no querría bañarse en los ríos subterráneos para no ensuciarse. Lo mejor era, pues, buscar un perro de color marrón o rojizo.

¿A QUÉ SE PARECÍA EL PARAÍSO DE TLALOC?

Ciertos difuntos eran elegidos por Tlaloc, el dios de la lluvia. Tales eran los ahogados, los fulminados por un rayo o los que morían de enfermedades relacionadas con el agua, la gota, el reúma, la peste. Éstos tenían más suerte que los demás, porque un jardín, donde podrían cantar y bailar, les aguardaba para toda la eternidad. En aquel jardín comerían frutas deliciosas, beberían agua fresca y jugarían a la pelota o al *patolli* en compañía de los Tlaloques.

¿HABÍA TUMBAS BONITAS?

Los aztecas sólo enterraban a los muertos consagrados a Tlaloc y a las mujeres que morían de parto. A los demás se les quemaba en una hoguera adornada con flores y papel. Unos sacerdotes, con el rostro pintado de negro, encendían el fuego mientras que alrededor, hombres y mujeres entonaban un canto fúnebre. Luego se recogían las cenizas en unas urnas de barro, con un trozo de jade, símbolo de la vida. La vasija se enterraba en casa, así el muerto podía permanecer junto a su familia.

¿Qué nos han transmitido los mayas y los aztecas?

Cuando los españoles llegaron a México, en 1519, sometieron a los mayas y a los aztecas; arrojaron a la hoguera los libros pintados, arrasaron los templos y persiguieron las antiguas creencias.

sorprendía la manera de luchar de los españoles porque no pretendían hacer prisioneros sino que utilizaban el cañón, el caballo y otras armas misteriosas. La superioridad de los españoles era evidente, pero sin los mayas y los aztecas no tendríamos actualmente muchas cosas que tenemos.

¿CÓMO ES QUE NO UTILIZABAN LA RUEDA?

Lo cierto es que la conocían, porque hacían juguetes para sus niños con ruedas móviles, pero no la utilizaban. La rueda no les hacía falta por-

Se podría pensar que aquellas poblaciones eran bárbaras porque practicaban sacrificios humanos y porque los españoles los vencieron fácilmente. Los indios no tenían la misma idea del mundo que los europeos. Los aztecas, por ejemplo, confundían a Cortés, el jefe de los conquistadores, con Quetzalcóatl. También les

que no tenían animales que tiraran de un carro. Transportaban las mercancías a la espalda: ¡veinte kilómetros diarios con una carga de 25 kilos!

¿ERAN BUENOS MÉDICOS?

La curación estaba en buena parte confiada a la magia: el médico arrojaba unos granos de maíz sobre la arena y, según su posición, dictaminaba las causas de la enfermedad. Pero conocían muy bien la naturaleza y la utilidad de algunas hierbas. Los españoles aprendieron muchas cosas de ellos y supieron sacar provecho de los jardines reales donde se cultivaban plantas medicinales.

Gracias a la práctica de sacrificios humanos, los aztecas conocían muy bien la anatomía. Sabían coser heridas, reducir fracturas, hacer sangrías. Los conquistadores se quedaban maravillados ante tanta destreza, que casi les parecía diabólica.

¿COMEMOS LAS MISMAS COSAS QUE LOS AZTECAS?

Gracias a los mayas y a los aztecas podemos comer tomates, maíz y chocolate. La palabra «cacao» es de origen azteca. Si no hubiera sido por ellos, tampoco conoceríamos la vainilla (planta de la familia de las orquidáceas) ni el pavo. Los cacahuetes, otra palabra azteca, también se los debemos a los habitantes de Tenochtitlán.

¿Cómo tomaban el chocolate?

Los aztecas tomaban el chocolate bebido, condimentado con miel y aromatizado con vainilla; a veces lo mezclaban con jugo de agave fermentado, con maíz verde y con guindillas.

Fechas para situaros bien en el tiempo
MESOAMÉRICA

RESTO DEL MUNDO

Antes de Cristo

1197	Ramsés III, faraón de Egipto
996-926	Salomón y el templo de Jerusalén
753	Fundación de Roma
hacia 560	Nacimiento de Buda
447	Construcción del Partenón en Atenas
323	Muerte de Alejandro el Grande
hacia 200	Construcción de la Gran Muralla China

Después de Cristo

79	Una erupción del Vesubio destruye Pompeya
476	Fin del imperio romano de Occidente
630	El profeta Mahoma toma La Meca; comienza el islam
800	Carlomagno es coronado emperador
1095	Comienzo de las cruzadas
1275	Construcción de Notre Dame de París
1456	Impresión del primer libro

Antes de Cristo

1200 San Lorenzo, primer gran emplazamiento olmeca
1100
1000 Expansión de La Venta
900 Destrucción de San Lorenzo
800
700
600 Expansión de Tres Zapotes
500
400 Destrucción de La Venta
300
200
300
100 LOS OLMECAS — Pirámide del Sol / Pirámides primitivas de Tikal

Después de Cristo

100 TEOTIHUACÁN / LOS MAYAS
200
300
400
500
600 Destrucción parcial de Teotihuacán / Palenque: templo de las Inscripciones
700
800 Fresco de Bonampak
900 Abandono progresivo de las ciudades mayas
1000 Los Toltecas en Chichén-Itzá
1100 MAYAS TOLTECAS
1200 Mayapán domina al Yucatán
1300 Caída de Mayapán / AZTECAS / Fundación de México (1325)
1400
1500 Toma de México por Cortés (1521)

Conquista española

El país de los mayas y de los aztecas

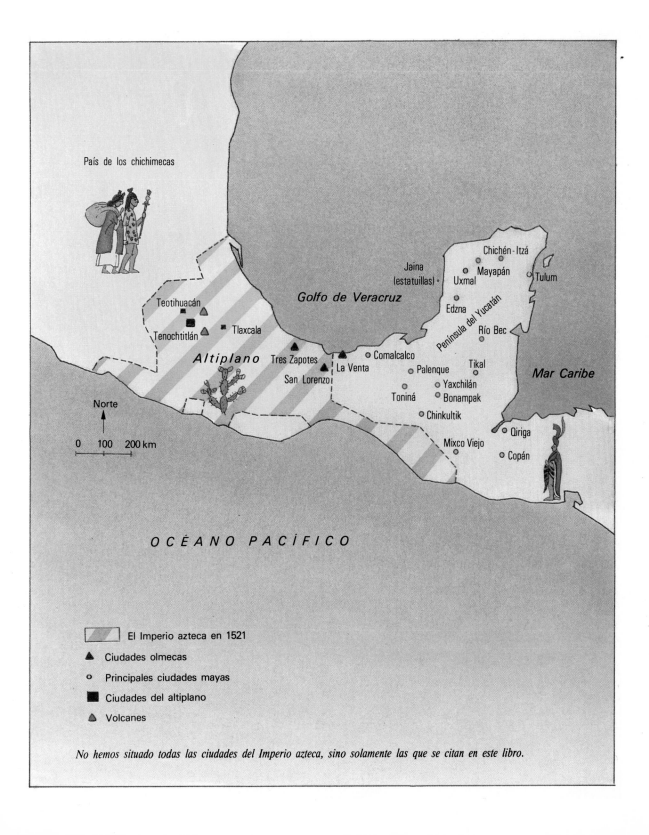

País de los chichimecas

Golfo de Veracruz

Chichén - Itzá

Jaina
(estatuillas)
Uxmal
Mayapán
Tulum

Teotihuacán

Tenochtitlán
Tlaxcala

Edzna

Península del Yucatán

Río Bec

Altiplano
Tres Zapotes

Comalcalco

San Lorenzo
La Venta
Palenque
Tikal

Mar Caribe

Yaxchilán
Toniná
Bonampak

Norte

Chinkultik

Mixco Viejo
Qiriga

0   100   200 km
Copán

OCÉANO PACÍFICO

El Imperio azteca en 1521

▲ Ciudades olmecas

○ Principales ciudades mayas

■ Ciudades del altiplano

▲ Volcanes

No hemos situado todas las ciudades del Imperio azteca, sino solamente las que se citan en este libro.

¿Y si preguntamos a los mayas y a los aztecas?

¿De dónde proceden los documentos utilizados para ciertas ilustraciones?

Las ilustraciones de este libro han sido cuidadosamente realizadas a partir de documentos antiguos, de excavaciones arqueológicas, de textos, etc. He aquí algunas informaciones para observar aún mejor algunos de esos dibujos.

Página 8, a izquierda: el Sol está en el centro del calendario azteca.

Página 10, abajo: en la mitología de los antiguos mayas, durante el Sol de Viento, los hombres se transforman en monos.

Páginas 10-11, arriba: esta escena del «fuego nuevo» está inspirada en el códice borbónico, manuscrito que se conserva en París, en el palacio Borbón (Asamblea nacional).

Página 13, abajo: los frescos de Bonampak nos muestran jefes mayas que acaban de ganar una batalla.

Páginas 14-15, arriba izquierda: 7000 años antes de Cristo, ciertos pueblos cultivaban ya un maíz primitivo, muy pequeño aún.

Páginas 16-17, arriba: las estatuillas de terracota, de la isla de Jaina, nos muestran lo que parecían los antiguos mayas en su vida diaria.

Página 18, izquierda: estela de Copán.

Página 18, centro: la bóveda con saledizo es llamada «bóveda maya» o «falsa bóveda», pues no tiene clave de bóveda.

Página 21, arriba: el templo de las Inscripciones de Palenque ocultaba una tumba secreta, descubierta en 1952. El sacerdote o el príncipe allí enterrado tenía sobre el rostro una magnífica máscara compuesta de numerosos trozos de jade pulido.

Página 22, abajo: no se han conservado más que tres manuscritos mayas. El de Dresde, presentado aquí, nos muestra los dioses que gobiernan los 260 días del año sagrado.

Página 24, izquierda: un dios alado. Ignoramos aún el nombre de numerosos dioses mayas.

Página 27, arriba: este tipo de escultura se colocaba a la entrada de los templos. Los arqueólogos discuten su significación.

Página 28: esta escena que representa la vida nómada de los aztecas está inspirada en el códice Azcatitlán.

Página 32, centro: Ehecatl, el dios del viento, tiene una especie de pico de pato que le sirve para soplar.

Página 33, arriba: los peces representados se inspiran en el códice de Florencia. Hay el pez-pájaro, el pez-mariposa y el pez-ocelote. Nos parecen raros, pues el pintor los ha dibujado como en jeroglífico. ¡Ensaya la experiencia de representarlo como un pez-gato!

Páginas 34-35, arriba: a izquierda, dos piezas de tejido (la plumita que sobresale es el signo de cifra 400); a derecha, manojos de plumas (códice Mendoza).

Página 45, arriba: mientras que el tlacuilo comienza a escribir, sus ayudantes preparan los colores.

Página 45, abajo: extracto de un calendario azteca.

Página 46: el códice Mendoza, redactado por los aztecas a petición del primer virrey español, permite imaginar el palacio de Moctezuma, el soberano azteca vencido por Cortés.

Página 49: en el templo de Malinalco, reservado a los combatientes, guerreros-jaguar ofrecen copal a los dioses de la guerra. Los españoles dieron el nombre de «caballeros» a los mejores guerreros aztecas, según las tradiciones de su país y de la Europa medieval. Este término no es muy propio, puesto que los aztecas desconocían el caballo.

Página 51, arriba izquierda: en este dibujo inspirado en el códice de Florencia, un hombre desempeña el papel del dios Tezcatlipoca, que no aparece con su única pierna.

Página 51, abajo: atado a una pesada piedra y armado de plumas, Tlahuicole se enfrenta a cuatro temibles guerreros aztecas. Así, muere combatiendo: es un sacrificio agradable a los dioses.

Página 55, arriba: esta escena representa una hoguera funeraria; está inspirada en un manuscrito mixteca (códice Nuttal).

© Éditions Nathan (Paris, France) 1992

Edición española:

© Editorial Luis Vives. Zaragoza 1993
Depósito legal: Z. 496-93
ISBN: 84-263-2488-6

Imprime: Talleres gráficos Edelvives
Teléf. (976) 34 41 00 FAX (976) 34 59 71
Impreso en España - Printed in Spain